Constantino el Grande

Una guía fascinante del primer emperador romano de fe cristiana, y cómo gobernó el Imperio romano

© Copyright 2020

Reservados todos los derechos. Ninguna parte de este libro puede reproducirse de ninguna forma sin permiso expreso y por escrito editor concedido. Las citas deben realizarse entre comillas, citando la fuente.

Descargo de responsabilidad: ninguna parte de esta publicación puede reproducirse o transmitirse de ninguna forma ni por ningún medio, incluyendo la fotocopia y la grabación, ni por ningún sistema de almacenamiento o recuperación, ni ser transmitido por correo electrónico sin permiso expreso y por escrito del editor.

Aunque se ha realizado una revisión exhaustiva de las fuentes para verificar la veracidad de información que se facilita en esta publicación, ni el autor ni el editor asume ninguna responsabilidad respecto a los posibles errores, omisiones o interpretaciones contradictorias referidas a la materia tratada.

El único objetivo de este libro es el ocio. Los puntos de vista expresados son exclusivos del autor, y no deben tomarse como recomendaciones u órdenes de expertos en la materia. El lector es responsable de sus propios actos.

El cumplimiento de cualquier ley, regulación o norma, incluyendo las internacionales, federales, estatales y locales que atañen a las autorizaciones profesionales, las prácticas de comercio, de publicidad y todas las cuestiones que afectan a la forma de hacer negocios en los Estados Unidos, Canadá, el Reino Unido o cualquier otra jurisdicción nacional, es responsabilidad exclusiva del comprador o del lector.

Ni el autor ni el editor asumen ninguna responsabilidad u obligación, del tipo que sea, en nombre del comprador ni del lector de estos materiales. Cualquier falta de respeto que pudiera percibirse como tal respecto a un individuo u organización es completamente accidental.

Índice

INTRODUCCIÓN 1
CAPÍTULO 1 - LOS PRIMEROS AÑOS DE CONSTANTINO EL GRANDE 4
CAPÍTULO 2 - PRIMEROS AÑOS DE GOBIERNO 13
CAPÍTULO 3 - LAS GUERRAS CIVILES 19
CAPÍTULO 4 - CONSTANTINO, UN ADMINISTRADOR DESASTROSO 26
CAPÍTULO 5 - EL HOMBRE TRAS EL EMPERADOR 32
CAPÍTULO 6 - CONSTANTINOPLA...35
CAPÍTULO 7 - CONSTANTINO Y EL CRISTIANISMO 38
CAPÍTULO 8 - EL FINAL DEL REINADO Y LA MUERTE 42
CONCLUSIÓN...47
REFERENCIAS...49

Introducción

Constantino el Grande es una figura histórica compleja, rodeada de controversias y contradicciones. Las fuentes históricas que tratan su figura a menudo resultan tendenciosas, sea a favor o en contra, y es normal, pues fue el primer emperador de Roma que se convirtió al cristianismo. Sus defensores, empezando por él mismo y los que lo rodeaban, exhiben la brillantez de sus logros y de su personalidad, pero sus enemigos políticos dibujan el cuadro con colores mucho más oscuros, casi tenebrosos. No hay término medio: las fuentes son o bien defensoras a ultranza de su figura o bien lo denuestan por completo. No hay ningún trabajo objetivo que dé pistas inequívocas y ciertas acerca de su vida, de lo que pensaba ni de las verdaderas motivaciones de sus actos. La verdad es que los historiadores de la época escribieron lo que la gente quería escuchar, siguiendo las corrientes políticas y culturales en boga, sin ajustarse a la objetividad y a la verdad. La mayor parte de los historiadores que escribieron sobre Constantino eran cristianos, y se posicionaron en su favor no porque realmente estuvieran convencidos, sino por puro interés personal. Por ejemplo, Eusebio fue un historiador cristiano cuyos escritos complacieron tanto al emperador que lo nombró obispo de Cesarea. El interés personal era clave para los escritores e historiadores de la época y, pese a ser nuestras únicas fuentes de información, siempre hay que intentar separar el grano de la paja y cuestionarse las motivaciones reales que hay detrás de cada párrafo.

Otra fuente de información importante sobre los eventos que rodearon la imagen pública de Constantino el Grande es la acuñación de monedas. Tras cada victoria contra los bárbaros emitía una nueva acuñación, y se podría decir que precisamente gracias a esas monedas podemos observar los acontecimientos a través de los ojos del propio Constantino. En las monedas no aparecen solo los símbolos de y las escenas de las victorias, sino también inscripciones que muestras los puntos de vista políticos el emperador. Se imprimieron monedas incluso con ocasión de las guerras civiles, y en ellas aparecen términos como la "bendita calma" o la "paz perpetua", como si celebrar victorias en las que los romanos se mataban entre sí fuera un acto de delicadeza. Los hijos de Constantino aparecen también en las monedas, lo que nos da una visión muy clara de las esperanzas del emperador en relación con el futuro del imperio. Incluso la ausencia de Crispo tras ser ajusticiado es una clara señal de la ira y la decepción que Constantino debió sentir respecto a su hijo mayor.

En resumidas cuentas, la visión más precisa que podemos encontrar sobre la verdadera personalidad de Constantino el Grande es la correspondencia que se ha conservado y los edictos que publicó. Aunque tenía a su alrededor una plétora de secretarios y consejeros, que le ayudaban a despachar documentos, se puede decir que tras ellos estaban el pensamiento original y las verdaderas actitudes del propio Constantino. Muchos de esos documentos son de su puño y letra, y a través de su lectura podemos aprender mucho acerca de sus puntos de vista religiosos y políticos.

Todas las fuentes mencionadas estaban al servicio de la propaganda del propio Constantino. No obstante, también hubo una serie de escritores paganos que consideraron inadecuada la política de Constantino consistente en convertir el cristianismo en la religión más importante del Imperio romano. Por supuesto, esos escritores eran sus enemigos políticos. En sus escritos juzgan con dureza y sin demasiados argumentos consistentes a Constantino y culpan al cristianismo del ocaso y eventual desaparición del Imperio romano. Un buen ejemplo es Zósimo, un historiador griego del siglo VI que critica los puntos de vista religiosos del emperador y considera que son los que trajeron consigo los desastres militares del imperio.

Hubo también algunos autores coetáneos que procuraron permanecer imparciales y transmitir una visión objetiva del mandato de Constantino el Grande, pero fueron muy pocos. E incluso sus intentos de imparcialidad se vieron afectados por las fuentes, siempre partidistas, que no tuvieron más remedio que utilizar para completar sus propios escritos. Solo son verdaderamente imparciales cuando cuentan sus propias experiencias personales de la época imperial que les tocó vivir, y en algunos casos sirven para aclarar los escritos de Eusebio y de Zósimo. Los historiadores aún no han resuelto el enigma acerca del tipo de hombre que era Constantino, ni de lo que realmente consiguió. Solo rebuscando en el material que podría considerarse adecuado y leyendo entre líneas podemos atrevernos a dar algún tipo de respuestas. También hay que utilizar el sentido común para separar la verdad de la simple propaganda y poder dibujar un retrato nuevo y más certero de Constantino el Grande, de sus logros y de su imagen histórica.

Capítulo 1 – Los primeros años de Constantino el Grande

*Busto de mármol de Constantino el Grande,
que se encuentra en los Museos Capitolinos de Roma*
*(Fuente: https://en.wikipedia.org/wiki/Constantine_the_Great#/media/
File:Rome-Capitole-StatueConstantin.jpg)*

No es fácil para los historiadores discernir entre los mitos, las falsedades, la propaganda y los verdaderos hechos reales de la vida de Constantino el Grande. Fue un hombre de importancia trascendental que vivió en un momento clave de la historia, cuando el cristianismo empezaba a desalojar el panteón de las antiguas divinidades romanas. Dado que los escritores de la época o bien servían a la propaganda imperial o bien procuraban contribuir a su caída, hasta resulta difícil localizar con certeza su fecha real de nacimiento. Sabemos que nació un 27 de febrero, pero el año no está del todo claro. Constantino siempre pretendió presentarse como un dirigente joven, e impuso a sus escritores de cámara que indicaran que fue coronado emperador a edad muy temprana. Sus seguidores y admiradores indican que nació en el año 280 o en el 282 d. C. No obstante, sabemos que cuando murió, en el 337, tenía entre 62 y 65 años. Así pues, su fecha de nacimiento real hay que situarla alrededor del 272. Los historiadores modernos consideran que dicha fecha es la más precisa para establecer su nacimiento real.

Por lo que se refiere al lugar de nacimiento de Constantino I el Grande, estamos más o menos en las mismas: resulta difícil distinguir lo que son halagos propagandísticos de los puros hechos. El lugar más probable en Naisso, en Mesia Superior, lo que hoy es la ciudad de Niš (Serbia). No se sabe en realidad si Constantino se declaró natural de esta ciudad con el objetivo de consolidar su relación con el emperador Claudio II, apodado el Gótico, del que decía ser descendiente. Aunque puede ser que en realidad sí que naciera allí, y que la victoria de Claudio II contra los godos en esa ciudad le diera la idea de establecer una relación de parentesco. También se han propuesto otras ciudades como cuna de Constantino, aunque Naisso sigue siendo el lugar más probable y aceptado por la mayoría de los historiadores modernos.

Los que no están claros en absoluto son algunos datos acerca del padre de Constantino, Constancio I Cloro. Provenía de la Dacia Ripense, una zona al sur del Danubio que coincide más o menos con la actual Bulgaria. Era hijo de un simple pastor de cabras y de la hija de un ciudadano romano libre. Constancio I comenzó su carrera como soldado raso, pero ascendió a oficial muy rápidamente, recibiendo muchas distinciones en su carrera militar. Siguió ascendiendo de rango, hasta alcanzar el puesto de jefe de los pretorianos del emperador Maximiano, logrando así la ciudadanía romana de pleno derecho, lo que le abrió las puertas de la vida política del Imperio, y no solo de la militar como hasta entonces. Los escritores de la época lo describen como un hombre generoso y amable que, pese a no haber gozado de una educación formal en su juventud, disfrutaba con la filosofía y la cultura en general. Algunos autores cristianos indican que era monoteísta; de hecho, una de sus hijas se llamaba Anastasia, un nombre genuinamente cristiano. No obstante, no existen evidencias sólidas acerca de sus creencias religiosas.

La madre de Constantino el Grande fue una mujer griega llamada Elena, que probablemente nunca se casó con su padre. Era una *stabularia*, término latino que equivale a "tabernera" o "dueña de una taberna". Puede que fuera la dueña de una posada en la que el padre de Constantino vivía durante sus campañas militares. No hay ninguna fuente que indique que la pareja se casara, y sería muy poco probable que un oficial romano de cierto rango se casara con una mujer que no era ciudadana romana. No obstante, en aquella época decir de alguien que era un bastardo suponía una gran deshonra. Por eso algunos historiadores indican que Constantino tuvo que ser obligatoriamente el hijo legítimo de Constancio y Elena. Pese a que no se sabe si Elena estaba casada o no con el padre de Constantino, lo que sí está claro es que ella cayó en desgracia cuando Constancio se casó con la hija adoptiva del emperador Maximiano. Constancio tuvo seis hijos con Teodora, y no es probable que mantuviera como concubina a Elena en esa época. Sin embargo, Elena volvió a convertirse en una mujer poderosa durante el reinado de su hijo Constantino, y eso solo puede significar que, como madre del emperador, era muy respetada.

De niño, Constantino pasó poco tiempo con su familia. Su padre, como militar, estaba casi siempre de campaña en zonas lejanas, a las que su hijo no podía acompañarlo. Por ello, pasó casi toda su juventud en la corte del emperador Diocleciano (244-311 d. C.). En ese momento, el Imperio romano tenía dos emperadores, de modo que cada uno de ellos ostentaba su cuota de poder y tenía libertad para desplazarse por todo el imperio. Esta diarquía fue establecida por Maximino tras convertirse en Augusto, es decir, emperador principal, que en el año 286 nombró césar, o emperador secundario, a Diocleciano. En aquella época el imperio controlaba los territorios que iban desde Bretaña a África y desde España a Armenia. Más tarde, fue Diocleciano el que instituyó la tetrarquía, dividiendo el poder entre cuatro individuos que gobernaban zonas diferenciadas del imperio. Cada una de ellas tenía su propia ciudad capital, mientras que Roma seguía siendo la capital de todo el imperio.

Uno de los tetrarcas era el padre de Constantino, al que se le encargó la prefectura de la Galia, Britania y algunos territorios de Alemania. La capital de esa zona era Augusta Treverorum (hoy Tréveris, en Alemania). Los otros tetrarcas fueron Galerio, el césar oriental, bajo cuya jurisdicción estaban los Balcanes y Panonia, con capital en Sirmio (hoy Sremska Mitrovica, en Serbia); Maximiano, el césar occidental, que gobernaba sobre lo que por entonces se denominaba el territorio de "Italia y África", es decir, los territorios del norte de África, Italia y España, con capital en Mediolanum (Milán); y, finalmente, Diocleciano, el Augusto de la época, cuyos dominios incluían Asia Menor, cuya capital era Nicomedia (Izmit, Turquía). Esta tetrarquía sería el desencadenante del deterioro del Imperio romano, puesto que dio lugar a numerosas luchas intestinas. No obstante, en la época de Diocleciano esta división era adecuada, pues el imperio era demasiado grande y así se podían defender mejor sus inmensas fronteras, sobre todo porque las tribus germanas habían empezado a realizar invasiones, tan intensas que incluso Dacia había sido abandonada debido a los ataques constantes de los godos. Diocleciano era un líder fuerte y carismático, cuya personalidad y altura política le permitió mantener unido el imperio, pero a su muerte la tetrarquía estaba destinada al fracaso.

Diocleciano era el Augusto, el dirigente principal, y para asegurarse la lealtad de los otros tetrarcas reunió en su corte a los hijos y sobrinos de estos, manteniéndolos como rehenes. No obstante, en aquellos tiempos a un rehén real no se le trataba como prisionero en el sentido moderno del término. De hecho, normalmente se criaban junto a los hijos del emperador, gozaban de sus mismos derechos y recibían la mejor educación que la corte era capaz de proveer. Así fue como Constantino pasó su juventud, rodeado por los mejores maestros paganos y cristianos. Solo hablaba latín, por lo que después, en su vida adulta, necesitó traductores de griego para dirigirse a su pueblo. La política de la corte de Diocleciano tuvo una gran influencia sobre su forma de pensar, y hasta acompañó al emperador en su campaña egipcia contra el usurpador Lucio Domicio Domiciano, en la que Constantino vio con claridad lo que significaba ser dirigente del Imperio romano. Lo cierto es que Constantino no se libró de las intrigas palaciegas, pues era considerado una amenaza política por otras familias prominentes, de forma que tuvo que sufrir los celos y la hostilidad de otros cortesanos. Así que Constantino tuvo que aprender a emplear el engaño y la hipocresía, al tiempo que se guardaba para sí lo que pensaba en realidad.

Aparte de una educación de élite, Constantino recibió entrenamiento militar y, cuando cumplió la edad correspondiente, se convirtió en un oficial de éxito. Primero sirvió como miembro de la guardia personal de Diocleciano antes de ser transferido a la corte de Galerio, del que fue escolta. Mientras servía con Diocleciano, Constantino luchó contra los bárbaros en las orillas del Danubio en el año 296, y también contra los persas en Siria, en la campaña de los años 278 y 279. También guerreó en Mesopotamia en el 298 y el 299. En el año 305 fue ascendido a *tribunus ordinis primi*, es decir, oficial tribuno principal. Volvió a Nicomedia en el 303, y allí empezó la gran persecución de los cristianos.

Ya se sabe que los cristianos sufrieron muchas persecuciones a lo largo del Imperio romano. Su culto religioso era ilegal, y los ciudadanos del imperio no lo aceptaban; de hecho, muchas veces se les acusaba de todo lo malo que ocurría en Roma. Se los consideraba miembros de una sociedad secreta que representaba el mal. En todo caso, fue la ira del pueblo, y no una decisión del estado, la que alimentó las primeras persecuciones de los cristianos. Muchas veces, la multitud enardecida los sacaba de sus casas por la fuerza y los apaleaba y hasta linchaba. El estado raramente intervenía, aunque eso sí, tampoco solía prevenir ni impedir las acciones violentas de las multitudes. No obstante, a principios del año 302, el propio emperador Diocleciano acudió al oráculo de Apolo para que le aconsejara acerca de los cristianos. Diocleciano era un tradicionalista, y se veía como responsable de la restauración de los antiguos valores romanos. Eso incluía el panteón de dioses del Monte Olimpo. Diocleciano era seguidor de corazón del paganismo romano, y en su imperio no había sitio para nuevas creencias. El cristianismo debía ser perseguido debido a que era una religión nueva y extraña, mientras que el judaísmo, al tratarse de una creencia antigua y familiar, fue respetado.

En un principio, Diocleciano pensó que bastaría con apartar a los cristianos de sus cargos como servidores del estado y del ejército. No obstante, Galerio, que en esos momentos estaba con Diocleciano, insistió en que los cristianos debían ser exterminados. Ambos dirigentes discutieron y, con el fin de llegar a un acuerdo, decidieron preguntar al oráculo de Apolo, seguros de que les proporcionaría la respuesta correcta al dilema.

Constantino estaba en la corte cuando llegó el oráculo. En sí misma, la repuesta fue bastante vaga, como siempre solía ser las respuestas que daba. Decía que Apolo no podía hablar debido a que se lo impedían "los justos de la tierra". Pese a su falta de claridad, la respuesta fue suficiente para Diocleciano, pues interpretó que "los justos" eran los cristianos; así pues, ordenó la persecución de los seguidores de la nueva fe por todo el imperio, y su exterminación. En sus últimos escritos, Constantino afirmó que se había opuesto a Diocleciano en todo lo referente a los cristianos, lo que seguramente significa que no tuvo participación en las persecuciones. Y también que los hechos le afectaron. Constantino no intervino en la gran persecución, lo cual trajo consecuencias posteriores en su situación política.

En el año 305, Diocleciano decidió abdicar por problemas de salud. El uno de mayo de ese año declaró sus planes para el futuro en una ceremonia. Ese mismo día, Maximiano, en Milán, celebró así mismo otra ceremonia en la que anunció su abdicación. Había que elegir dos nuevos césares, y todo el mundo pensaba que Diocleciano proclamaría a Constantino, hijo de Constancio I, como su heredero. Pero lo cierto es que Galerio, en los últimos tiempos, había logrado convencer a Diocleciano de que se inclinara por nombrar a su sobrino, Maximino Daya. Incluso se cree que fue Galerio quien convenció a Diocleciano de que abdicara para nombrar sucesor a su sobrino. Por lo que respecta a la sucesión de Maximiano, el elegido fue Valerio Severo, en lugar del propio hijo de Maximiano. Severo era muy amigo de Galerio, y es obvio que también participó en su elección, ya que Valerio Severo no tenía ni la formación ni la experiencia política necesaria para el cargo. Uno de los escritores de la época, Lactancio, describe que la reacción de la multitud que estaba escuchando el discurso de abdicación de Diocleciano reaccionó con incredulidad y hasta expresó su malestar al escuchar que el heredero no iba a ser Constantino. Todo indica que dicha descripción es exagerada, aunque también es cierto que Constantino era un candidato claro a la elección. Hay escritos que indican que Galerio odiaba a Constantino, y que incluso intentó varias veces asesinar al entonces joven oficial. A veces le encargó misiones sin sentido en las zonas pantanosas del Danubio central, y hasta se cuenta que le hizo luchar solo contra un león. Independientemente de lo que Galerio hiciera o dejara de hacer, los escritos indicaban que Constantino siempre salía indemne y victorioso de tales misiones. Pero tales historias no son más que eso, historias inventadas, aunque sí que sería lógico pensar que existiera un cierto grado de enemistad entre ambos. En todo caso, no hay ninguna evidencia histórica de que Galerio intentara asesinar a Constantino.

Tras la abdicación de Diocleciano, Constantino quiso reunirse con su padre en el Oeste. Se cree que fue su padre quien pidió que se permitiese salir a Constantino de la corte de Galerio, dado que estaba gravemente enfermo y quería que su hijo estuviera con él; pero no hay constancia de que tal información sea cierta. Otras fuentes indican que Constancio solicitó la ayuda de su hijo para sus campañas en Britania. Lo que sí sabemos es que Constantino consiguió el permiso para dejar la corte oriental y reunirse con su padre. Es también Lactancio quien describe que Constantino no quiso esperar ni arriesgarse, por si el emperador cambiaba de opinión. Así que casi se puede decir que escapó de la corte esa misma noche, y su cabalgada fue tan vigorosa que varios caballos murieron exhaustos por el esfuerzo. No olvidemos, a la hora de juzgar la veracidad de sus afirmaciones, que Lactancio era exageradamente adicto a la causa de Constantino, y por eso suenan más a propaganda que a otra cosa. Por desgracia, no hay ninguna otra fuente de información sobre los hechos. Resulta más lógico pensar que la verdadera amenaza para Constantino fuera Severo, que se convirtió en su oponente y enemigo durante el proceso de abdicación. Fuera como fuese, Constantino se unió a su padre antes del verano del año 305.

Constantino pasó un año en Britania, luchando junto a su padre contra los pictos más allá del Muro de Adriano. Su padre cayó muy enfermo, y quizá sí que lo estuviera ya cuando solicitó la presencia de su hijo. Constancio I Cloro murió en Eboracum (la actual York) el 25 de julio del 306. Antes ya había declarado su deseo de que Constantino, su hijo, fuera elevado a la posición de Augusto. Croco, rey de las tribus germánicas, que servía a las órdenes de Constancio, proclamó heredero y nuevo Augusto a Constantino. Las tropas de su padre lo aceptaron inmediatamente como su nuevo dirigente y le dieron todo su apoyo. La Galia y Britania aceptaron a Constantino, pero Hispania, que solo llevaba un año bajo el mando de Constancio, lo rechazó.

Constantino envió un mensaje a Galerio informándole de la muerte de su padre y de su proclamación como nuevo Augusto. Seguramente con la intención de evitar que Galerio se negara a aceptarlo, tuvo la inteligencia de indicar que los ejércitos de su padre y de los germanos lo habían "obligado" a aceptar el nombramiento. De esa forma, Constantino se aseguraba de que Galerio supiera que no había sido su deseo aceptar el liderazgo, pero que como de hecho se había convertido en Augusto, el ejército lo apoyaba. Era una manera sutil de informar a Galerio de que, si lo atacaba, Constantino tenía un ejército muy leal que lo apoyaba y lucharía por él. De entrada, Galerio se enfureció por el comportamiento de Constantino, pero no podía oponerse a su nombramiento, porque eso significaría declarar una guerra abierta. Lo que hizo fue ofrecerle el título de césar, en vez de el de Augusto, pensando que dicho título sería más adecuado para el joven dirigente. Constantino aceptó la oferta, posiblemente también para evitar el conflicto, además de que lo convertía en dirigente legal del territorio de su padre. Por su parte, Galerio también elevó a su amigo Valerio Severo a la posición de Augusto, dado que era su favorito.

El cauce del Rin era la frontera de los dominios de Constantino, y se trataba de una zona de importancia estratégica para la defensa del Imperio romano frente a las tribus germánicas. El ejército allí estacionado era enorme, y Constantino ostentaba la autoridad sobre él. No obstante, sabía que todavía no era lo suficientemente potente como para enfrentarse con Galerio, así que decidió mantener el mando sobre la parte del imperio que le correspondía, es decir, Britania, la Galia e Hispania. Se asentó en Britania, debido a que los combates con los pictos no cesaban, y aprovechó para mejorar las calzadas y finalizar la construcción de las bases militares que había iniciado su padre.

En Roma el ambiente estaba empezando a enrarecerse, debido a que Majencio, el hijo de Maximiano, sentía envidia de Constantino por el hecho de haber sido nombrado césar, y también deseaba dicha distinción. Tampoco tenía ninguna afinidad con Galerio, por lo que estaba preparando una rebelión.

Capítulo 2 – Primeros años de gobierno

Tras las campañas en Britania, Constantino se trasladó finalmente a su capital oficial, Augusta Treverorum. Cuando los francos supieron que Constantino había asumido el mando, decidieron invadir la Galia durante el invierno del 306 y el 307. Fue una gran oportunidad para Constantino, que logró su primera gran victoria al devolver a los francos a los territorios del otro lado del Rin. Incluso logró hacer prisioneros a dos de sus caudillos más importantes, los reyes Ascarico y Merogais, que murieron en el anfiteatro de Augusta Treverorum arrojados a las fieras, en unos juegos organizados para celebrar la victoria.

Una vez superada la amenaza bárbara, Constantino emprendió una ambiciosa ampliación de la capital. Fortaleció las murallas construyendo torres de defensa y vigilancia, así como arcos fortificados. También inició la construcción de su propio palacio real, en la zona noreste de la ciudad. La sala de audiencias de dicho palacio era enorme, así como los baños imperiales. Constantino no limitó a la capital su esfuerzo de construcción, sino que acometió obras en ciudades de la Galia, sobre todo en Augustodunum y Arelate, que hoy son las ciudades francesas de Autun y Arlés.

La persecución de los cristianos proseguía. Aunque Diocleciano había abdicado, Galerio continuó con ella, pese a que pensaba que el objetivo fundamental ya se había cumplido, una vez que habían sido desalojados del ejército y de la administración. Galerio finalmente comprendió que significaría un esfuerzo excesivo, y probablemente inútil, intentar acabar para siempre con los escurridizos cristianos. Al final la persecución fue un fracaso, pues los cristianos desarrollaron formas variadas de engañar o sortear al Imperio romano. Algunos sobornaron a oficiales de la administración para mantener sus puestos, otros abandonaron el imperio y los demás simplemente se escondieron en los bosques, a salvo de las tropas romanas. A lo largo de la persecución mantuvieron la discreción y no realizaron algaradas ni siquiera cuando se destruían o quemaban sus propiedades y sus templos. En esa época, Constantino aún no se había convertido, aunque su política contra ellos fue mucho menos agresiva. De hecho, puso fin oficialmente a la persecución en su zona del imperio y les devolvió las propiedades confiscadas durante la masacre. Incluso permitió establecerse en sus tierras a los que huían del "gran perseguidor" Galerio.

La rebelión de Majencio

Como era costumbre, se llevó a Roma una efigie de Constantino tras tomar posesión del trono y de su título de césar. Allí, un envidioso Majencio se burló de la efigie e insultó al nuevo césar diciendo que era "el hijo de una prostituta", al tiempo que se quejaba de no poder ejercer el poder que le correspondía por estirpe. En el 306, Majencio decidió autoproclamarse emperador, aduciendo que lo merecía más que Constantino. No obstante, Galerio se negó a reconocerlo, e incluso envió a Severo a reprimirlo. Pero el ejército de Severo había estado previamente al mando de Maximiano, el padre de Majencio, por lo que, en lugar de obedecer a su nuevo comandante, lo hicieron prisionero. Para apoyar a su hijo, Maximiano abandonó su retiro y asumió otra vez el cargo de emperador. Pidió abiertamente el apoyo de Constantino y, a cambio, le ofreció casarse con su hija, Flavia Máxima Fausta, y le garantizó el título de Augusto.

Constantino aceptó, pero no quiso implicarse abiertamente en la lucha de poder. Reconoció a Majencio como emperador de Italia, pero se trató solo de una declaración formal, política, y no le ofreció ningún tipo de ayuda militar.

Para evitar implicarse directamente en los conflictos de Italia, se fue de nuevo a Britania aduciendo que los pictos habían vuelto a rebelarse y estaban realizando incursiones. Además, envió al ejército del Rin a luchar contra las tribus germanas a lo largo del río, para así evitar tener que mandarlos a Italia a luchar a favor de Majencio. El hecho de no involucrarse directamente en un conflicto con el resto del imperio hizo que Constantino se convirtiera en un personaje popular y apreciado por el pueblo llano. En lugar de guerrear contra otros romanos, recorrió sus dominios, invirtió dinero en las artes, la construcción y la economía y se fue haciendo más y más popular. Maximiano permaneció un año con Constantino, pero a su vuelta a Roma tuvo un enfrentamiento con su hijo. Muchos creen que discutieron acerca de la posibilidad de detener y matar a Severo, pero no hay evidencias históricas que apoyen esa interpretación. No obstante, poco después de la muerte de Valerio Severo, ocurrida en el 307, Maximiano y Majencio se reconciliaron. Maximiano recuperó el título de Augusto y compartió el poder con su hijo.

El 11 de noviembre del año 308 Galerio convocó a todos los dirigentes a una reunión general. Omitió deliberadamente invitar a Majencio porque convenció a su padre de que abdicara de nuevo. Necesitaba un nuevo Augusto que gobernara en el Oeste mientras él lo hacía en el Este, y escogió a Flavio Galerio Valerio Liciniano Licinio, su amigo y compañero de armas, que nunca había ostentado el título de césar. Esta decisión enfureció a su sobrino, Maximino Daya, que mantuvo su título de césar, pero no fue promocionado, mientras que el recién llegado Licinio era elevado directamente a la posición de Augusto. Maximino exigió un reconocimiento de Galerio, que le ofreció ser reconocido "hijo del Augusto" (*Filius Augustorum*). A Constantino, que había vuelto a la posición de césar, se le ofreció ese mismo título, dado que la concesión del título de Augusto por parte de Maximiano fue considerada ilegítima. Lo cierto es que ni Constantino ni Maximino aceptaron ese nuevo título, por lo que Galerio no tuvo otra opción que nombrarlos Augustos a los dos en la primavera del 310. Así, siendo Constantino el nuevo Augusto del Oeste, Licinio se limitó a mantener el control de las provincias de Iliria.

La rebelión de Maximiano

En el año 310, Maximiano, pese a que había abdicado por segunda vez de la posición de Augusto, seguía inquieto y preocupado, e intentó organizar una rebelión contra Constantino, a cuyo territorio se había trasladado tras su retiro. Constantino lo envió a Arlés junto con un fuerte contingente de tropas, temiendo que Majencio invadiera el sur de la Galia. Una vez en Arlés, Maximiano anunció la muerte de Constantino y reclamó para sí mismo la púrpura imperial. No obstante, el ejército permaneció fiel a su emperador legitimo y obligó a Maximiano a abandonar la ciudad. Para reclutar seguidores, ofreció grandes cantidades de dinero a todos los que se unieran a él. Pero no fue suficiente: tanto los soldados como los habitantes de la ciudad le demostraron que su lealtad a Constantino no podía comprarse con oro.

Cuando Constantino se enteró del intento de rebelión, abandonó la campaña contra los francos y avanzó por la orilla del Rin. La única oportunidad de Maximiano era huir a Massilia (Marsella, Francia), una ciudad que podía resistir sitios prolongados. No obstante, Maximiano no contaba con la lealtad de los ciudadanos a Constantino. En cuanto se aproximó a la ciudad, el pueblo abrió la puerta trasera de la ciudad al emperador y su ejército. Maximiano fue arrestado inmediatamente y represaliado por su traición al único emperador que aceptó recibirlo en su corte tras su segunda abdicación. Era obvio que Constantino respetaba a Maximiano, y más debido a la antigua amistad de este con su padre, pero no podía perdonarle su traición. En lugar de encerrarlo y condenarlo a muerte, ofreció al antiguo Augusto que se quitara la vida él mismo, cosa que hizo en julio del año 310, ahorcándose.

Hay alguna controversia acerca de la muerte de Maximiano, pues todas las fuentes del momento indican que fue el propio Constantino el que dijo que su suicidio fue una tragedia para la familia. No obstante, un año después del hecho, Constantino cambió su versión de los hechos, diciendo que le había ofrecido el perdón, y también permanecer en la corte con su hija Fausta y con él. Pero Maximiano conspiró para matar a Constantino, que se salvó gracias a la lealtad de su esposa. De hecho, cuando Constantino se enteró de la conspiración, ordenó a un eunuco que durmiera en sus aposentos la noche elegida para el asesinato. Maximiano fue arrestado en el momento del hecho, pero Constantino fue lo suficientemente clemente para ofrecerle la salida del suicidio y no tener así que enfrentarse al escarnio una ejecución pública. Esta segunda versión bien pudiera ser meramente propagandística. Constantino proclamó una *damnatio memoriae* (eliminación de cualquier memoria o referencia) para Maximiano, ordenando la destrucción de todo lo que hiciera referencia a él, ya fueran escritos, monedas, estatuas o pinturas.

No obstante, Maximiano había ofrecido su ayuda a Constantino en el pasado, y era la verdadera fuente de su legitimación como Augusto. Ahora que el antiguo emperador estaba muerto, Constantino necesitaba otra fuente de legitimidad si quería mantener una imagen pública respetable. Tras la muerte de Maximiano, elaboró una conexión dinástica con Claudio II, un emperador romano del siglo III. Hasta pronunció un discurso haciendo pública dicha conexión. Claudio II (214-270) se ganó el respeto histórico por su victoria contra los godos cerca de Naisso, en Mesia Superior, lugar de nacimiento de Constantino. Claudio también puso orden en el imperio durante su mandato. Basándose en esa supuesta relación dinástica con un antiguo emperador, Constantino reclamó la prerrogativa ancestral de gobernar en solitario. Evidentemente, estaba rechazando la tetrarquía, que no había producido más que disputas y problemas tras la abdicación de Diocleciano. Para apoyar la idea de que el imperio necesitaba un dirigente único, afirmó que había recibido una inspiración divina de Apolo, del que Constantino era devoto. En su visión, el propio dios le colocaba una corona de laurel, que simbolizaba que el Augusto gobernaría durante mucho tiempo y gozaría de buena salud. Al mismo tiempo, Constantino acuñó nuevas monedas en las que sustituía a Marte como deidad, cambiándolo por Apolo, el dios del sol. Ni que decir tiene que tanto la relación dinástica con Claudio como la visión no eran más que inventos propagandísticos; pero hay que señalar que tuvieron bastante efecto sobre sus seguidores. Tras las proclamaciones, su popularidad creció como la espuma entre los ciudadanos de la Galia.

Tras enterarse de la muerte de su padre, Majencio se proclamó como su devoto hijo. Juró vengar su muerte y mandó acuñar monedas con la imagen de su padre, desafiando la *damnatio*. Aunque es más probable que lo hiciera para ganarse el apoyo popular.

Capítulo 3 – Las guerras civiles

Fresco que representa la batalla entre Constantino y Majencio
(Fuente:https://en.wikipedia.org/wiki/Constantine_the_Great#/media/
File:Battle_of_Constantine_and_Maxentius (detail-of-fresco-in-Vatican-Stanze.
*c1650_by_Lazzaro_Baldi_after_Giulio_Romano_at_the_*
University_of_Edinburgh.jpg)

A mediados de la década del 310, Galerio estaba enfermo y era incapaz de tomar decisiones políticas adecuadas. Su última decisión había sido el fin de las persecuciones contra los cristianos y la vuelta a la tradicional tolerancia religiosa del Imperio romano. Murió en abril o mayo del 311, poco después de proclamar dicho edicto. Su muerte se debió a una terrible enfermedad, posiblemente gangrena o cáncer intestinal. Con su muerte, la tetrarquía había terminado de hecho. Maximino actuó rápidamente con Licinio, que acababa de perder a su amigo y único apoyo. Siguiendo el ejemplo de Constantino, Licinio se "fabricó" sus propios lazos dinásticos con otro antiguo emperador romano para intentar establecerse como dirigente único tras la muerte de Galerio. Proclamó que era descendiente de Filipo I el Árabe (204-249), lo que reforzó su posición. Maximino logró mantener Asia Menor de forma pacífica y Licinio accedió a compartir con él el gobierno de las provincias orientales del imperio.

En el momento de la muerte de Galerio, Constantino recorría Britania y la Galia, mientras Majencio se preparaba para la guerra para vengar la muerte de su padre. Esperaba ganarse el apoyo de los cristianos permitiéndoles elegir un nuevo obispo de Roma. Aunque Licinio también reclamaba el derecho a convertirse en emperador único de Roma, Constantino consideraba a Majencio su mayor amenaza, y decidió actuar contra él. Así, en el invierno del 311 estableció una alianza con Licinio, ofreciéndole como esposa a su media hermana, Flavia Julia Constantina. Pero con esta alianza se granjeó la enemistad de Maximino, que seguía intentando reducir el poder de Licinio. En respuesta a esa alianza, Maximino envió embajadores a Roma, ofreciéndole a Majencio su reconocimiento político si, a cambio, ponía el ejército a su disposición. Majencio accedió y comenzaron los preparativos para la guerra. Merece la pena poner de manifiesto que todos los escritores de la época subrayan la práctica imposibilidad de viajar en aquellos momentos entre las distintas regiones del imperio, y la seguridad de que las tensiones políticas darían lugar a una guerra civil en cualquier momento.

A principios de la primavera del año 312 Constantino reunió a su ejército, aunque no al completo. Decidió movilizar solo una cuarta parte del total de sus tropas para enfrentarse a Majencio. Sus generales, asesores y hasta los augures intentaron disuadirle de realizar ningún tipo de movimiento bélico preventivo, pero Constantino no les hizo caso. Mucha gente pensaba que estaba tocado por algún tipo de poder divino, por lo que lo seguían a ojos cerrados. Reunió unos cuarenta mil hombres y cruzó los Alpes cocios para atacar a Majencio. La primera ciudad italiana a la que llegó fue Segusium (Susa), y la tomó sin sufrir muchas bajas. La ciudad no se entregó, pero Constantino ordenó quemar las puertas de acceso y escalar las murallas. Tras una victoria rápida y completa, prohibió a sus hombres el saqueo y prosiguió su marcha hacia el interior de la Italia septentrional.

A las puertas de Augusta Taurinorum (Turín), Constantino se encontró por primera vez con la caballería del ejército de Majencio, fuertemente armada. En la batalla que tuvo lugar, Constantino rodeó la caballería enemiga con la suya. Los soldados de Constantino iban armados con garrotes de hierro, que utilizaban para obligar a desmontar a sus enemigos, y así reducir al mínimo su capacidad de combate. La ciudad de Turín reconoció la clara victoria del ejército de Constantino y se negó a abrir las puertas al ejército de Majencio, que se batía en retirada y pretendía refugiarse tras las murallas. Tras esta victoria, otras ciudades del norte de Italia enviaron representantes a Constantino para felicitarlo por sus victorias. Cuando llegó a Milán, las puertas de la ciudad ya estaban abiertas para él y su ejército.

Las siguientes ciudades que conquistó fueron Brescia y Verona. Brescia no opuso resistencia, pero en Verona estaba acantonada la mayor parte del ejército de Majencio. Ruricio Pompeyano, general al mando de las fuerzas de Verona y comandante máximo del cuerpo de pretorianos de Majencio, intentó defender la ciudad para demostrar su lealtad póstuma a Maximiano, y consecuentemente a su hijo Majencio. Verona gozaba de una magnífica posición defensiva, rodeada en sus tres cuartas partes por el río Adigio. Pero Constantino logró cruzar el río al norte de la ciudad y la sitió. Durante la corta batalla que se produjo Ruricio murió, y Verona abrió sus puertas de buen grado. A la rendición de Verona le siguieron otras ciudades, como Aquileia (Aquilea), Mutina (Módena) y Ravenna (Rávena). El camino hacia Roma, donde esperaba Majencio, quedó expedito.

Majencio preparó la ciudad para un largo sitio. Tenía mucho trigo procedente del norte de África y contaba con la lealtad de los pretorianos, que protegían las poderosas murallas capitalinas. También destruyó los puentes que unían la ciudad con la otra orilla del río Tíber. Esa acción dejó completamente desprotegido el resto de la Italia central, pero Majencio arguyó que ese era el deseo de los dioses, proteger la sagrada Roma. Tras ser abandonado de esa manera, el pueblo italiano ofreció su apoyo incondicional a Constantino. Hasta los ciudadanos de la propia Roma mostraron su animadversión a Majencio y se burlaron de él abiertamente, espetándole que Constantino era invencible. En realidad, Majencio no estaba seguro de poder aguantar el sitio de la ciudad, por lo que construyó un nuevo puente de madera sobre el Tíber para garantizar una salida a su ejército y plantear una batalla en campo abierto en caso de ser necesario. El día del sexto aniversario de su reinado, en el año 312, Majencio solicitó la ayuda de los oráculos. La profecía fue que el enemigo del pueblo de Roma moriría en la batalla que se avecinaba. Animado por tales palabras, y sin ni siquiera considerar la posibilidad de que el citado enemigo pudiera ser él mismo, Majencio salió de los muros de la ciudad al frente de su ejército para enfrentarse a Constantino en campo abierto.

La batalla entre ambos dirigentes fue breve, y Constantino salió victorioso. En su huida, cuando Majencio cruzaba el nuevo puente para refugiarse en Roma, cayó al agua y se ahogó. Su ejército, presionado por la caballería de Constantino, se dispersó y trató también de cruzar el río Tíber para refugiarse en la ciudad. Constantino entró en Roma el día 29 de octubre del año 312, y la gente le dispensó una calurosa acogida. Ordenó sacar de las aguas del río el cuerpo de Majencio, decapitarlo y pasear la cabeza por las calles de Roma para que todo el mundo pudiera verla. Pese a que puso en marcha una campaña propagandística contra Majencio, presentándolo como un tirano malvado y a sí mismo como un libertador, Constantino no desató ninguna persecución contra sus seguidores. El Senado de Roma, agradecido, lo nombró "primer mandatario", de forma que todos los documentos oficiales debían ostentar su nombre en el encabezamiento. También los nombraron "Augusto Máximo", lo cual significaba que, a partir de ese momento, su rango era superior tanto al de Licinio como al de Maximino. Para presentarse como un dirigente benévolo, Constantino firmó decretos por medio de los cuales devolvía a sus antiguos dueños todas las propiedades confiscadas por Majencio, así como libraba del exilio a los expulsados, permitiéndoles volver a Roma y liberando de la cárcel a los condenados. Era como si Constantino estuviera liberando a Roma de una tiranía, y el pueblo se lanzó a las calles a celebrar su nueva "libertad". Todo esto logró su objetivo, que no era otro que aumentar la popularidad del nuevo emperador por todos los rincones del imperio.

En esos momentos, Constantino estaba muy cerca de convertirse en dirigente único del Imperio romano, y más teniendo en cuanta que Licinio y Maximino tenían que saldar sus propias cuentas entre ellos. En el año 313, Constantino accedió a reunirse con Licinio, y ambos proclamaron el Edicto de Milán, que garantizaba la libertad religiosa en todo el imperio. El cristianismo quedaba por fin legalizado. Pero Maximino aprovechó la oportunidad que le brindaba la ausencia de Licinio e invadió sus territorios europeos. Constantino no le ofreció ningún tipo de ayuda militar, pero Licinio logró derrotar a Maximino por sus propios medios, haciéndose con el control de todos los territorios orientales del imperio. Durante un tiempo, los dos emperadores gobernaron de forma conjunta, Constantino en el Oeste y Licinio en el Este. No obstante, sus relaciones empezaron a deteriorarse con rapidez.

En el año 320, Constantino acusó a Licinio de violar el Edicto de Milán por iniciar una nueva persecución contra los cristianos. Lo acusó de confiscar sus propiedades y de eliminarlos de sus puestos en la administración. Lo cierto es que no hay fuentes objetivas que confirmen ninguna nueva opresión contra los cristianos. Lo único seguro es que Licinio consideraba que la Iglesia como un instrumento que Constantino utilizaba muy a menudo para extender sus políticas, lo cual no implica que atacara al cristianismo con actuaciones concretas. En cualquier caso, en el 324 estalló una nueva guerra civil, basada en las acusaciones de Constantino. Licinio recibió la ayuda de mercenarios godos, que eran considerados por los cristianos de la época como paganos y malvados. Por otro lado, los francos apoyaban al ejército de Constantino, que era considerado como un libertador que luchaba bajo el signo de Cristo. Pese a que la batalla entre ambos emperadores se produjo por la supremacía política, todo el mundo veía un sustrato religioso. El ejército de Constantino era muy inferior en número, pero, según los historiadores de la época, gracias a la ayuda divina, logró la victoria en la decisiva batalla librada en Adrianópolis (Tracia). Se dice que el signo lábaro, uno de los utilizados para representar a Jesucristo, fue un auténtico talismán para las fuerzas de Constantino, que lo desplegó por doquier para motivar a sus soldados. Estos pusieron todo el vigor de que fueron capaces y lograron la victoria.

Tras la derrota, Licinio se trasladó a Bizancio, pero Constantino lo persiguió. El estrecho que separa Tracia de Asia Menor supuso una dificultad para la persecución. Fue el hijo primogénito de Constantino, Crispo, quien solucionó el problema, venciendo en una batalla naval que abrió el camino al ejército de su padre. Constantino se enfrentó finalmente con Licinio en la batalla de Crisópolis, que tuvo lugar el 18 de septiembre de 324. Constantino lanzó un único ataque masivo y frontal contra el ejército de Licinio, olvidándose de cualquier tipo de maniobra táctica. El resultado fue una victoria aplastante y decisiva, en la que Licinio perdió más de treinta mil hombres. No obstante, el propio Licinio logró escapar, y reunió otro ejército en la ciudad de Nicomedia. Aun así, sabía que ya no tenía ninguna posibilidad ante la creciente fuerza de Constantino, por lo cual se rindió, quedando a merced de la clemencia del vencedor.

Inicialmente, Constantino le perdonó la vida, seguramente debido a los ruegos de su hermana, esposa de Licinio. Pero pocos meses después los oficiales del ejército acusaron a Licinio de traición y exigieron que fuera ejecutado. Constantino no tuvo elección, pues el apoyo del ejército era clave para cualquier gobernante. Además, un año después, Constantino también decretó la muerte de su propio sobrino, el hijo de Licinio, por idéntica sospecha de traición. Finalmente, Constantino se había convertido en el único emperador, titular de un imperio vasto y poderoso.

Capítulo 4 – Constantino, un administrador desastroso

Constantino era un emperador autocrático, como todos los que habían ejercido el poder antes que él. No obstante, lo cierto es que llevó casi al extremo esa forma de gobernar, y posteriormente él mismo describió su imperio como un dominio o "señorío". En la época de Domiciano (51-96), se convirtió en costumbre denominar *dominus*, es decir, "señor", al emperador; posteriormente, se retomó la costumbre con Diocleciano (284-305), aunque esta vez de una manera formal.

Diocleciano era distinto a sus predecesores, que preferían las costumbres tradicionales romanas, e introdujo en su corte una serie de rituales y protocolos bastante complejos. Se basaban sobre todo en las lujosas costumbres persas, pues a Diocleciano le fascinaban los atavíos de seda, las joyas y las ceremonias ostentosas. También cambió el protocolario y breve saludo romano (*salutatio*) por otra forma, la *adoratio*, que en realidad era bastante degradante para los que tenían que presentarse ante él.

Al padre de Constantino le importaban poco las costumbres formales de la corte y los modales sofisticados. Era un hombre muy sencillo y pragmático. Pero Constantino no compartía las preferencias de su padre: le gustaba la ropa lujosa, los brazaletes de fantasía y cualquier tipo de joya. También llevaba el pelo largo, imitando a Alejandro Magno, incluso aunque parte de ese pelo fueran extensiones. Su forma de regir el imperio pasó de las costumbres tradicionales a otras más sofisticadas, cercanas a lo sagrado y divino, y lejanamente inspiradas en la corte celestial que dibujaba el cristianismo. Desarrolló cada vez más esas formas, y hasta denominó su palacio como una *domus divina*, es decir, "casa de Dios" o templo, e introdujo la palabra *sacrum*, "sagrado", en muchas de sus ceremonias.

Con los años, los cambios se fueron haciendo más llamativos. Constantino acuñó nuevas monedas con su imagen y la cabeza tocada por una diadema de perlas, lo que significaba que su posición era superior a la de los simples mortales. El emperador representaba la imagen de lo divino. Todo, desde la forma de vestir a los palacios, los comportamientos de la corte a las nuevas monedas, estaba destinado a reforzar esa imagen. La intención de Constantino no solo era imitar a Diocleciano sino superarlo, aprovechando el inmenso poder autocrático que había acumulado.

La administración del imperio también sufrió una serie de cambios. Todo había empezado con Diocleciano, que separó la administración militar de la civil, pero bajo un mando único en cada provincia. Pero Constantino profundizó en el cambio, separando también el mando civil del militar. Bajo su liderazgo, los gobernadores de las provincias romanas perdieron el mando militar, que pasó a ser ejercido por generales del ejército. De esta forma, las administraciones civil y militar de las provincias estaban completamente separadas. La razón que subyacía a este cambio era la limitación del poder de los gobernadores provinciales, que en el pasado habían forjado una tradición de rebelión contra los emperadores en sus territorios. De esta manera, Constantino se aseguraba el dominio absoluto sobre las provincias, que se hizo aún más fuerte mediante la división de las mismas en territorios más pequeños, y por tanto más fáciles de controlar. Fue un proceso de centralización en toda regla que permitió a Constantino ejercer un control férreo sobre todo el territorio del imperio. Además de los significativos cambios administrativos, Constantino eliminó la aristocracia tradicional que siempre había acompañado a los emperadores. En su lugar, creó la que denominó "Orden de compañeros imperiales", un grupo formado por personas de la confianza de Constantino, a los que consideraba sus amigos. La lealtad era a su persona, no al estado. Esta novedosa forma de relación tiene mucha importancia histórica, pues fue la piedra angular del vasallaje que se instituiría en Europa en la época medieval.

Constantino creó muchas órdenes parecidas a esta, con el fin de promocionar a las muchas personas a las que consideraba leales. Cada uno de los hombres que recibían tal honor por parte del emperador se aseguraba una auténtica lluvia de riqueza y posición social. Tales cambios garantizaron el control del imperio por parte de Constantino, aunque la burocracia se convirtió en una auténtica pesadilla. Con tantas instituciones, la administración se hizo desesperantemente lenta, y los gastos se incrementaron hasta límites insoportables. También habían crecido significativamente los gastos militares, debido a las muchas expediciones y campañas que se emprendieron. Así, Constantino se encontró al frente de una monstruosa superestructura, constantemente hambrienta de financiación y suministros. Desde la época de Diocleciano los impuestos no habían parado de crecer, sobre todo para los ciudadanos de a pie.

Además de todo eso, Constantino, junto con sus amigos recién ascendidos de categoría social, llevaba una vida de lo más lujosa. Le gustaba organizar grandes ceremonias y fiestas, además de gastar grandes cantidades de dinero en complejos proyectos de construcción. Quería ganarse la adoración del pueblo, y para ello debía gastar mucho más dinero que sus predecesores en el imperio. Muchos de los autores de la época coinciden en este aspecto del gasto, y escriben que Constantino gastaba dinero a un ritmo mucho más alto que nadie desde la lejana época de las famosas campañas de

Alejandro Magno. Además de todos estos gastos imperiales y personales, Constantino repartía ropa y alimentos a los ciudadanos más pobres de la sociedad, como los mendigos y las viudas. La gente lo adoraba por estas acciones; sin embargo, esto produjo un gran incremento en el número de personas que no contribuían al mantenimiento social.

Así que no es difícil llegar a la conclusión de que el imperio necesitaba mucho más dinero, lo cual implicaba a su vez que los impuestos tenían que incrementarse. A otros emperadores esta posibilidad les preocupaba mucho, porque tales medidas se consideraban opresoras por parte de la población. No obstante, Constantino no solo mantuvo los altos impuestos de Diocleciano, sino que los incrementó con otros creados por él. Impuso nuevas tasas a las clases media y baja, pero también a los senadores ricos. Así mismo, decretó que quien no pagase a tiempo sus impuestos, tendría que abonar una multa de cinco veces lo adeudado. Y si seguían sin pagar, se aplicaría nada menos que la pena capital. Tales impuestos supusieron un problema de tal calibre para todos los estamentos sociales que muchos historiadores de la época escribieron acerca de sus efectos sobre el pueblo. Constantino decretó la tortura de los deudores en las plazas públicas para dar ejemplo. Algunos autores hablan incluso de un crecimiento masivo de la esclavitud, dado que los pobres no podían asumir el pago de las tasas y se veían obligados a vender a sus hijos como esclavos para poder librarse de los castigos.

Se produjo una reacción en cadena en todo el imperio. La clase media tenía que contribuir mucho también, por lo que se incrementó el precio de los arrendamientos y la explotación de las tierras y las propiedades. Como resultado, los campesinos se empobrecieron de tal manera que muchas aldeas y comunidades quedaron abandonadas, pues la gente se veía obligada a marcharse. Constantino intentó solucionar las cosas simplemente sustituyendo la pena de tortura pública a los morosos por la de prisión. También redujo alguno de los impuestos, pero eso solo supuso una diferencia marginal, que no solucionó nada en realidad. Con el tiempo, las ciudades y los municipios también empezaron a sufrir, ya que los impuestos no beneficiaban al pueblo. El dinero iba al gobierno, y una buena parte de él directamente al propio Constantino, con el que mantenía su lujoso ritmo de vida. Además, en la década del 320 se construyeron numerosas iglesias, todas muy lujosas. El resultado fue obvio: la clase media empezó a hundirse, y los impuestos empezaron a ser insoportables también para los comerciantes y artesanos.

La política impositiva de Constantino llevó al colapso del comercio y de la agricultura en todo el imperio. El incremento de la pobreza de las distintas clases sociales condujo al incremento de la hostilidad hacia el gobierno. La inflación empezó a afectar a la economía, de forma que, a finales de siglo resultaba difícil encontrar monedas de oro y plata. El imperio se empobreció y, sin la menor duda, todas estas reacciones en cadena influyeron poderosamente en la caída del Imperio romano de occidente.

Mientras el imperio sufría las mencionadas dificultades económicas, la corrupción alcanzó niveles nunca vistos. Los salarios descendieron acusadamente debido a la alta inflación. Como consecuencia, muchos funcionarios civiles aceptaban sobornos si se les presentaba la oportunidad. El problema alcanzó también al estamento militar, pues los oficiales empezaron a quedarse con parte de las pagas de los soldados, o los trataban mal si no les abonaban una pequeña tasa. Las iglesias también aceptaban sobornos por parte de aquellos que querían garantizarse un puesto de sacerdotes o ascender en la escala jerárquica.

Constantino estaba muy al tanto de los problemas del imperio. Incluso conocía la corrupción que lo aquejaba, y no le gustaba nada. Sabía perfectamente que no podía permitir que continuara, porque socavaba su fama y su influencia sobre el pueblo. Así que decidió poner en práctica una serie de leyes de nuevo cuño. Se incrementaron las multas por corrupción, y Constantino decretó que, si alguien sospechaba que un oficial de alto rango, civil o militar, no se estaba comportando adecuadamente, esa persona podía dirigirse directamente a él. El emperador se convirtió también en juez, esperando así arrancar de raíz los comportamientos corruptos de los gobernadores y oficiales.

Las nuevas leyes de Constantino buscaban desatar la venganza sobre los criminales y reinstaurar el orden gracias al miedo a las penas. Dio orden a los jueces de castigar con dureza a todo aquel que quebrantara la ley. Los castigos incluían la pena de muerte y la mutilación, y no solo estaban destinados a aquellos que ejercían el poder. Los escribas que falsificaban documentos, los trabajadores que no cumplían adecuadamente los encargos, los recaudadores de impuestos deshonestos y, básicamente, cualquier miembro de la sociedad podía llegar a ser salvajemente castigado si quebrantaba la ley. Pero para los delitos contra la castidad se estableció una forma de castigo aún más extrema. Los esclavos que tuvieran una relación sexual con una mujer libre debían ser ejecutados inmediatamente. Por otra parte, las sirvientas que ayudaran a alguien a secuestrar a uno de sus amos serían ejecutados haciéndoles tragar plomo derretido. Se trata solo de algunos ejemplos de los terribles castigos diseñados para mantener el control de una situación completamente funesta.

Ninguna de las medidas de Constantino tuvo el más mínimo efecto. La corrupción siguió campando a sus anchas, pues ninguna ley o amenaza de castigo disuadió a los criminales ni a los desesperados de aceptar sobornos, ni los llevó a comportarse de una forma más respetable. Ni siquiera el miedo a la muerte logró evitar que la empobrecida población cometiera actividades ilegales. Muchos historiadores de la época de Constantino dejaron por escrito que todo, y todos, tenían un precio, y que ni siquiera la muerte tuvo el poder de acabar con la corrupción generalizada.

Capítulo 5 – El hombre tras el emperador

Tras el emperador autócrata había un hombre difícil de conocer y de entender. Para intentar comprender el tipo de persona que era, es necesario rebuscar entre la enorme cantidad de escritos propagandísticos de la época. Por ejemplo, hay muchos escritores cristianos, admiradores de Constantino, que dicen que era un hombre amable, encantador y amado por todos. Otros indican que todos los actos que realizaba estaban guiados por la nobleza. Por supuesto, se trata de exageraciones, y es necesario hacer una gran criba del material para intentar averiguar la personalidad real de Constantino.

Después de todo, Constantino no era más que un hombre y, como todos, seguramente tenía grandes virtudes, pero también muchos defectos. Por ejemplo, sabemos que sin duda era un gran general, un líder nato y con talento y un buen organizador y planificador. Era inteligente, y sabía cuándo debía tener paciencia y cuando golpear para obtener ventaja. No obstante, los aspectos más valiosos de su carácter pueden colegirse a partir de sus políticas respecto a la religión, y particularmente al cristianismo.

Constantino aprendió mucho en la corte de Diocleciano, y allí desarrolló el arte de la paciencia. Supo cómo perseguir un objetivo con tacto y cuidado, y aprendió también a ocultar sus verdaderas intenciones, es decir, a disimular. Lo cual le sirvió de mucho, ya que se adhirió al cristianismo con el objetivo de unificar el imperio. Pensaba que, abrazando la fe cristiana, al tiempo que lo hacían sus seguidores políticos y militares por imitación, gradualmente empujaría a toda la población a hacer lo mismo, convirtiendo así la nueva fe en un factor clave de unificación. Su paciencia y su deriva gradual hacia este plan de unificación debe considerarse uno de sus logros más significativos.

Otro aspecto interesante de la personalidad de Constantino es el hecho de que disfrutaba de sus conversaciones con los soldados rasos, lo que se tradujo en una enorme lealtad por parte de los militares. Él era un militar, y le encantaba hablar de ello con sus tropas.

También estaba muy interesado en la educación, en desarrollarse intelectualmente, sobre todo debido a que, en un principio, careció de capacidad para absorberla. Según sus contemporáneos, su fuerte no eran ni el pensamiento abstracto ni la lógica. No obstante, favoreció a los intelectuales y luchó contra los que no querían defenderlos. También promovió la educación eliminando algunos impuestos para los que estudiaban carreras artísticas y científicas.

Por desgracia, ahí es donde acaban los aspectos positivos atribuibles al emperador. Ya hemos hablado del muchos de sus fracasos, y en última instancia no se puede llegar a otra conclusión que esta: se trataba de una persona muy ambiciosa. Era más emocional que lógico, y también bastante supersticioso, como evidencian sus puntos de vista en lo que se refiere a la religión. Por otra parte, era un auténtico autócrata, pues buscaba el éxito sin importarle el precio a pagar por conseguirlo. Por eso fue capaz de imponer penas tan crueles que, al final, no lograron erradicar del imperio la corrupción. Pese a que procuraba ser paciente y desarrollar sus políticas de forma gradual, también era conocido por sus estallidos de cólera e impaciencia, aunque solo se producían de vez en cuando. La avidez a la hora de conseguir sus objetivos tal como los imaginaba le llevaba a tomar decisiones despóticas. Por otra parte, su falta de habilidad para juzgar a las personas y percibir sus verdaderas intenciones, independientemente de lo que dijeran, no le ayudaba nada.

Era como si el carácter de Constantino estuviera compuesto por dos personalidades diferentes. A veces se mostraba paciente, tolerante y comprensivo, y, sin embargo, en otros muchos casos reaccionaba sin reflexionar, de forma inmediata, brutal y vengativa. Pero su peor defecto era, sin la menor duda, su increíble vanidad. Le encantaban los halagos y adoraba ser popular. Por eso organizaba tantas ceremonias y eventos públicos, y trató de comprar la voluntad de los pobres dando dinero a los mendigos y a las viudas inmediatamente después de convertirse en emperador único. Esa característica lo convertía en manipulable y fácil de embaucar, si se le halagaba como a él le gustaba. La vanidad de Constantino y su deseo de ser amado y admirado lo llevó a crear muchas organizaciones políticas y administrativas completamente innecesarias, que vaciaron las arcas del imperio y que solo produjeron la escalada social y la riqueza de sus amigos y aduladores. Su generosidad, trufada de vanidad, llevó al imperio a la ruina económica.

Cerca del final de su reinado en el carácter de Constantino se acentuaron los aspectos negativos, que prácticamente hicieron desaparecer los positivos. Empezó a imaginarse cosas, que consideraba visiones proféticas, y era presa de frecuentes estallidos de ira. También imaginó conspiraciones infundadas que terminaron en baños de sangre en su entorno cercano. Por ejemplo, ejecutó a Sopater en el año 331. Se trataba de un consejero y filósofo pagano al que acusó de controlar el viento mediante ritos ocultos y dar lugar así a una hambruna, que solo se debió a la escasez de suministros. Muchos de sus amigos y consejeros murieron de la misma forma, pues Constantino se consideraba un autócrata supremo, que podía decidir sobre la vida y la muerte de cualquiera. Según historiadores como Eutropio y Gibbon, Constantino sufrió un deterioro total en su forma de gestionar, de forma que al final de su reinado el poder lo había corrompido de forma absoluta.

Capítulo 6 – Constantinopla

Monedas acuñadas para celebrar la fundación de Constantinopla
Fuente: https://upload.wikimedia.org/wikipedia/commons/e/e6/
Constantinopolis_coin.jpg

Constantino pasó a la historia por dos razones. Primero, por declarar el cristianismo como la religión oficial del Imperio romano, y segundo, por construir Constantinopla, una ciudad que poco después se convertiría en la capital del Imperio romano de Oriente, que también suele llamarse Imperio bizantino.

La ciudad de Roma seguía siendo muy popular y querida en aquellos tiempos, además de tratarse de un importantísimo enclave cultural, administrativo y comercial; sin embargo, había perdido prácticamente toda su reputación como centro político. Roma estaba demasiado alejada de las fronteras del imperio y de las numerosísimas calzadas que recorrían sus amplios territorios. Además, muchos emperadores con talante militar preferían mantenerse alejados del Senado y de su influencia para llevar adelante sus objetivos sin las interferencias de la política estatal, llena de intrigas palaciegas. Esos emperadores se establecieron en nuevos centros políticos y administrativos, como por ejemplo Sirmio, en las provincias del Danubio, Antioquía en Siria, Tesalónica en Grecia y lo que hoy es Milán. Con el tiempo, esas ciudades se hicieron con el poder de Roma.

Por su parte, Constantino buscaba un lugar en el que construir una capital más grande que Roma. Quería un punto geográfico en el que la calzada europea más importante se encontrara con el río Éufrates, a través del estrecho del Bósforo, que conectaba el Mar Negro con el mar Egeo. Y lo encontró. Además, allí fue donde Constantino derrotó a Licinio en la decisiva batalla naval de Crisópolis, en el año 324. Había ya una larga tradición entre los emperadores y los generales del ejército que consistía en fundar ciudades en sitios en los que habían logrado victorias decisivas. El lugar cumplía ese requisito, y además tenía una gran importancia estratégica, pues allí se juntaban importantes rutas comerciales y, desde el punto de vista militar, su potencial defensivo era enorme, tanto terrestre como marino.

Se asume que la fundación de Constantinopla tuvo lugar alrededor del año 326 d. C., pero la ceremonia oficial de inauguración no se realizó hasta el 330. Constantino estuvo presente y muy activo durante el enorme esfuerzo de construcción, presionando a todos los implicados para que trabajaran más y más rápido. Además, llegó a un pacto con los visigodos para que se implicaran en la defensa de la ciudad, firmando con ellos un tratado de paz.

Constantinopla se desarrolló muy rápidamente, ya que estaba muy bien conectada con toda Europa y también con lo centros económicos de Siria y Asia Menor. Además, la ciudad tenía acceso a la ruta comercial de Egipto, por lo que podía aprovechar las exportaciones de cereales que también surtían a Roma y al norte de África. Por todas esas razones, la ciudad se llenó de inmigrantes en busca de oportunidades, animados también por el esfuerzo del imperio, deseoso de que la nueva capital se desarrollara. Constantino ofreció tierras a los colonos e incluso exenciones de impuestos para hacer florecer la economía, la industria y el comercio en la ciudad. No obstante, los grandes proyectos de construcción y el gran número de artesanos que hicieron falta resultaron muy gravosos para la economía imperial. Constantino se embarcó en muchos proyectos al mismo tiempo, como por ejemplo en traer estatuas de todos los rincones del imperio, así como libros para llenar las bibliotecas con obras griegas y romanas. La ciudad creció, sí, pero no alcanzó el tamaño ni el desarrollo de Roma hasta pasado bastante tiempo. Cuando murió Constantino, se estima que su nueva ciudad no pasaba de los cincuenta mil habitantes.

No obstante, el emperador hizo gala de prudencia en su nuevo proyecto de construcción. Está claro que deseaba que, con el tiempo, la ciudad se convirtiera en la capital del imperio; de todas formas, en esa época no dio ningún paso para arrebatarle a Roma ninguna de sus instituciones. Lo que sí logró la nueva ciudad fue rivalizar con otros importantes centros urbanos del imperio, y muy pronto Constantino construyó lujosos palacios y monumentos que elevarían la categoría de la ciudad por encima de las demás. La fundación de Constantinopla fue muy importante, fundamentalmente porque hizo que el Imperio romano mirara hacia el este, ahora mucho más rico y prometedor que un occidente avejentado, al igual que la propia Italia.

Capítulo 7 – Constantino y el cristianismo

Dibujo sobre vitela que representa a Constantino en el concilio de Nicea quemando libros procedentes de Asia
Fuente: https://en.wikipedia.org/wiki/Constantine_the_Great#/media/File:Constantine_burning_Arian_books.jpg)

Durante la niñez de Constantino, el monoteísmo ya estaba creciendo en la sociedad del imperio, y cada vez más gente abandonaba la fe pagana en muchos dioses. Este cambio tan drástico no solo fue producto del cristianismo, sino también de otras corrientes filosóficas que influyeron en la transición de las creencias politeístas hacia las monoteístas. Un ejemplo es el mitraísmo, es decir, la fe en Mitra, que era seguida por el propio padre de Constantino, y por él mismo en su juventud. Esa fe monoteísta abrió el camino al culto cristiano, que fue creciendo de forma constante durante el mandato de Constantino.

En el Imperio romano, los cristianos eran una minoría, aunque su buena organización les confería una influencia muy superior a la que podía esperarse de su cantidad. De hecho, a varios emperadores y senadores romanos les llegó a preocupar el cristianismo, debido a su magnífica organización en grupos y a su creciente influencia. Los cristianos eran fieles a su fe y a sus obispos, no tanto a las autoridades, lo cual implicaba que el estado romano los considerara desleales al imperio, lo que dio lugar a una serie de persecuciones contra ellos.

En cualquier caso, cuando Constantino se hizo con el poder su objetivo fundamental fue unificar el imperio, y pensó que el cristianismo podía ser una herramienta que le ayudara a llevar a cabo sus planes. Si lograba reunir a toda la población alrededor de una sola deidad, el imperio florecería unido, o al menos eso era lo que pensaba Constantino. Estaba en contra de las persecuciones, y manifestó abiertamente que lo habían estremecido. O al menos eso contaron los escritores de la época. En este caso es difícil discernir los hechos reales, porque muchos historiadores y testigos pensaban que los cristianos merecían ser castigados por su mala conducta. Por eso, en sus escritos minimizaron las persecuciones. Sin embargo, otros hicieron todo lo contrario, es decir, exagerar los hechos. En todo caso, el cristianismo parecía convencer a todo el pueblo, tanto a los liberales como a los conservadores, y eso resultaba clave a la hora de procurar la unificación del imperio.

Se sabe que, antes de su conversión, el dios favorito de Constantino era Apolo, el antiguo dios del sol. En el 312, durante la marcha para enfrentarse a Majencio, Constantino se desvió para visitar el santuario de Apolo. Se dice que tuvo una visión en la que el dios le hizo saber que lo protegía personalmente. Cuando Constantino logró la victoria sobre Majencio, volvió a declarar su devoción por Apolo, al que colmó de sacrificios y presentes. Lo cierto es que estos hechos no se pueden considerar como ciertos, pues solo se cuentan en escritos de sacerdotes dedicados al culto del dios del sol.

No obstante, la veneración de Constantino por Apolo es indudable, pues el dios aparece muy a menudo en las monedas acuñadas por el emperador. Esto resulta aún más evidente a partir del 317, año en el que los dioses paganos "murieron" y desaparecieron de todas las monedas acuñadas a partir de ese momento; sin embargo, Apolo sí que se mantuvo, tanto en las monedas como en la arquitectura. Puede que esta especial conexión de Constantino con Apolo le facilitara la transición a la fe en Jesucristo.

Muchos de los creyentes de la época, incluido Constantino, pensaban que Jesucristo era su querido dios del sol, y que ambas figuras eran de hecho dos representaciones distintas de una sola deidad suprema. Apolo y Jesucristo no eran excluyentes entre sí, al menos en la mente de los romanos; por lo tanto, era bastante fácil establecer un puente entre el paganismo y el cristianismo. Sin ir más lejos, los escritos de Clemente de Alejandría describen a Jesucristo conduciendo su carro a través de las estrellas, igual que solía describirse a Apolo. Las estatuas dedicadas a Jesucristo también recuerdan al dios del sol. Debido a esta mezcolanza de creencias, muchos paganos pensaban que, en realidad, los cristianos eran adoradores del sol. Además, los cristianos se reunían los domingos para celebrar sus ceremonias y rezar juntos, y miraban hacia el este, por donde salía el sol, y eso era un argumento más para la creencia: en realidad le rezaban al sol. Un siglo más tarde, el nacimiento de Cristo empezó a celebrarse el día 25 de diciembre, fecha muy cercana al solsticio de invierno, y a su vez, fecha del nacimiento de... ¡lo han adivinado!, Apolo, el dios del sol. Por tanto, es muy normal que el pueblo llano del Imperio romano pensara que había una asociación entre Jesucristo y Apolo.

Constantino fue consolidando poco a poco el cristianismo, y desarrolló la "costumbre" de recibir visiones y sueños relacionados con Cristo y sus símbolos, como el de la cruz. Los antiguos romanos pensaban que la capacidad de tener visiones era un regalo de los dioses, por lo que les hablaban de ellas a los filósofos y a los sacerdotes para intentar descifrarlas. Constantino no fue una excepción. Creía firmemente en sus sueños y visiones, y prácticamente obligó a los que le rodeaban a creerlos con la misma intensidad que él. No se sabe si en realidad se trataba de una ingeniosa estratagema para lograr sus objetivos políticos más fácilmente. En todo caso, todos sabemos que una de sus visiones fue la aparición de una cruz en el cielo antes de una batalla. Constantino decía que sus soldados también la vieron, aunque no hay evidencias de ello. Dicha visión se plasmó rápidamente en las monedas acuñadas, pues para él la cruz era un símbolo divino. A menudo veía a los cristianos hacer la señal de la cruz para alejar al mal, a los demonios, por lo que estaba seguro de que había recibido una señal divina que lo iba a proteger.

Constantino fue muy cuidadoso y avanzó lentamente en lo que se refiere al cristianismo, con el fin de evitar reacciones airadas de los seguidores del paganismo. De hecho, la mayor parte de su ejército seguía siendo pagano, por lo que utilizó hábilmente la conexión que él mismo y su pueblo establecían entre el dios del sol y Jesucristo para cristianizarlo gradualmente. También empezó a realizar oraciones frente a las tropas, e instruyó a sus oficiales para que hicieran lo mismo. En todo caso, esas oraciones eran fundamentalmente una forma simplificada de venerar a la deidad suprema. Constantino no quería, bajo ningún concepto, forzar las cosas y obligar a sus tropas a abrazar el cristianismo, dado que Diocleciano había perseguido sin piedad a los soldados seguidores de esa religión. Precisamente por eso, tanto los soldados como los oficiales recelaban de la nueva creencia, y Constantino sabía que primero tenía que asegurarse la lealtad de sus tropas. El resto vendría por añadidura.

Capítulo 8 – El final del reinado y la muerte

Cuadro que representa el bautismo de Constantino
Fuente: https://en.wikipedia.org/wiki/Constantine_the_Great#/media/
File:Raphael_Baptism_Constantine.jpg)

En el año 326 a Constantino le llegó el rumor de que su esposa Fausta tenía una relación con su hijo Crispo, nacido de una mujer llamada Minervina. No está claro si los rumores eran ciertos o si fue la propia Fausta la que los alentó falsamente, esperando que el emperador se librara de su hijo primogénito, lo que daría lugar a que fuera el primer hijo de ella el que heredara el imperio.

Independientemente de si era verdad o no, el caso es que Constantino decidió matar a Crispo, pero también a Fausta. Crispo fue envenenado en Pula (Croacia), entre el 15 de mayo y el 17 de junio del año 326. La emperatriz Fausta murió en un baño de agua hirviendo. Constantino eliminó los nombres de ambos de varias inscripciones y de los escritos. Incluso en la obra *Vita Constantini* ("*La vida de Constantino*"), un discurso biográfico público de Eusebio de Cesarea, que después fue transcrito, no hay la más mínima mención ni a su esposa Fausta ni a su hijo Crispo. Precisamente la falta de escritos de esa época hace que no sepamos por qué fueron asesinados. Los relatos cristianos no critican a Constantino, justificando su acción por la necesidad de castigar a sus allegados por sus relaciones ilícitas, que constituían un gran pecado. No obstante, los historiadores actuales siguen intentando descifrar las motivaciones políticas de tales muertes. Algunos sugieren que Constantino mató a Crispo porque Fausta deseaba que sus hijos se convirtieran en los legítimos herederos del imperio, pero eso no explica la muerte de la propia Fausta. Puede que la matara para que sus hijos se dieran cuenta de que a Constantino no le temblaría la mano a la hora de eliminar a quien fuera, independientemente de su relación con él, si la situación lo hacía necesario.

Constantino pasó sus últimos años en su amada Constantinopla, que era su capital y su residencia permanente. Planeaba la reconquista de Dacia, una provincia que fue abandonada en el 285 por el emperador Aureliano, incapaz de repeler el ataque de los godos. Esta vez Constantino se alió con una confederación de tribus sármatas y lanzó una campaña contra los godos, avanzando por los límites de Dacia a lo largo de la muralla Brazda lui Novac (Rumanía), de la que solo quedan restos. Tras la victoria sobre los godos en el 336, recibió el título de Dacio Máximo.

Durante los últimos años de su vida, Constantino planificó una gran campaña contra Persia. Escribió una carta al gobernante persa, Sapor II (309-379), conminándole a tratar bien a los cristianos, de los que Constantino se había erigido en defensor absoluto. No se conoce a ciencia cierta la fecha de dicha carta, y solo podemos pensar que fue escrita tras las incursiones en la frontera oriental del Imperio romano que tuvieron lugar en el 335 y la invasión persa de Armenia en el 336. Armenia era un reino cristiano desde el 301. Constantino consideró tales acciones como un ataque al cristianismo, y decidió atacar Persia y liderar la cruzada. Se convocó a los obispos para que se unieran a la campaña, y Constantino incluso encargó la construcción de una tienda con forma de iglesia que acompañara al ejército y ofreciera a los creyentes un lugar para reunirse y orar.

Constantino deseaba ser bautizado en el río Jordán, donde el propio Jesucristo recibió el bautismo. Según sus planes, la ceremonia tendría lugar nada más atravesar la frontera persa de la época. Pero Persia envió una embajada diplomática que llegó a Constantinopla en el año 336 con la misión de buscar la paz. Pese a que Constantino no llegó a un acuerdo con los diplomáticos, la campaña se canceló, al menos por el momento. Pero en la primavera del 337 Constantino cayó enfermo, por lo que no pudo retomar sus planes de ataque. Dándose cuenta de que iba a morir, finalmente pidió ser bautizado.

El bautismo tenía mucha importancia para la comunidad cristiana arcaica. Significaba el renacimiento personal gracias a la nueva fe, garantizando el perdón de todos los pecados cometidos en el pasado y prometiendo la capacidad de alcanzar el reino de los cielos. Según san Juan Bautista, que fue quien bautizó a Jesucristo, no se puede entrar en el reino de los cielos si no se renace a partir del agua y del espíritu. No obstante, antes de ser bautizado, Constantino tenía que seguir una catequesis que, según la tradición cristiana de entonces, duraba dos años. Sin embargo, en su caso, y debido tanto a su estatus de emperador como a su estado de salud, se le eximió de dicho periodo de preparación, o bien por completo o bien en su mayor parte.

Hoy en día, casi todos los cristianos reciben el bautismo siendo niños, y es muy raro que lo hagan cuando son adultos. No obstante, en los viejos tiempos, era mucho más habitual recibirlo en la edad adulta, pues se pensaba que, tras la ceremonia, el iniciado no debería volver a cometer ningún pecado. La mayor parte de la gente lo posponía cuanto podía, y Constantino lo llevó casi hasta el último extremo. Algunos historiadores piensan que esperó a propósito hasta estar en el lecho de muerte para así asegurarse de que todos sus pecados fueran perdonados. De todos modos, hay muchas otras teorías para explicar por qué Constantino retrasó su bautismo hasta casi el último momento, pese a que a lo largo de casi toda su vida dejó claras sus convicciones respecto a los valores del cristianismo. Una de ellas indica que, dado que era emperador de todos, paganos y cristianos, tenía que mantenerse neutral con el objeto de contentar a ambas facciones religiosas. Otros creen que quería esperar lo máximo posible para cumplir su deseo de ser bautizado en el río Jordán. Finalmente, hay quien opina que pensaba que no necesitaba ser bautizado, pues era un instrumento del mismo Dios. Los historiadores modernos se inclinan por la primera teoría, su miedo al castigo de Dios. Constantino creía en un Dios colérico, y es posible que tuviese miedo a ser condenado si cometía algún pecado tras el bautismo.

El emperador escogió al obispo Eusebio de Nicomedia para celebrar la ceremonia de su bautismo. Después del ritual, se retiró a su villa de Achyrion, cerca de Nicomedia, y murió allí. Eusebio, historiador además de obispo, escribió que su último suspiro tuvo lugar el domingo de Pentecostés del año 337, sobre una colcha blanca y alrededor del mediodía. El cuerpo de Constantino se colocó en un féretro dorado y se cubrió con la púrpura imperial. Después, el cofre con el cuerpo se trasladó a Constantinopla, y se exhibió para que recibiera el homenaje de todos los miembros de su familia y de los oficiales más importantes del imperio. Cuando llegó a la ciudad su hijo, Constancio II, comenzaron los rituales públicos. Constantino fue enterrado en un mausoleo que él mismo había mandado construir, la Iglesia de los Santos Apóstoles.

El legado de Constantino

El Imperio romano con Constantino
(Fuente: https://upload.wikimedia.org/wikipedia/commons
/1/1c/ConstantineEmpire.png)

En el año 335 Constantino se planteó el futuro y se dio cuenta de que en el imperio podría producirse un auténtico caos tras su muerte. Por eso, decidió dividirlo para así evitar posibles luchas entre sus hijos. Constantino II reinaría sobre las provincias occidentales, mientras que Constancio II lo haría sobre las orientales, y Constante, el menor, fue elegido para gobernar Italia, Panonia y África. Constantino también nombró césares a su sobrino Dalmacio, que fue elegido para gobernar Tracia, Macedonia y Acaya. Su hermano Anibaliano recibió los territorios orientales más alejados, desgajados del imperio, y nunca obtuvo el título de césar. Así pues, tras la muerte de Constantino hubo cuatro dirigentes con categoría de césar, sus tres hijos y su único sobrino. Lo que decidió Constantino fue establecer una nueva tetrarquía, pero a partir del sistema de sucesión hereditaria. Sin embargo, no fue capaz de prever que la tetrarquía no iba a funcionar. Muy pronto, sus sucesores empezaron a maquinar la eliminación de sus contrincantes. Su sobrino Dalmacio y su hermano Anibaliano fueron los primeros en caer. Constantino II fue asesinado el año 340, y diez años después le siguió su hermano Constante. Así, fue Constancio II el que restableció el mando único de su padre sobre todo el imperio. Gobernó hasta su muerte, en el año 361.

Conclusión

Constantino fue el primer emperador cristiano, pues él fue el que declaró el cristianismo como religión oficial del Imperio romano, antes pagano. Fueron los historiadores cristianos los que le pusieron el sobrenombre de "el Grande", bastante después de su muerte. En estos momentos, prácticamente todos los expertos piensan que se merece el apelativo, pero debido a sus muchas victorias militares, no a su importancia religiosa. Luchó y venció contra los francos (306-308 y 313-314), los alamanes (306-308), los godos (332) y los sármatas (334). También logró recuperar para el imperio gran parte de la provincia de Dalmacia. Si no lo hubiera impedido la enfermedad, habría desarrollado sus planes expansivos hacia Persia, que con toda probabilidad se habría incluido en su larga lista de victorias. Es el segundo emperador en tiempo de mandato, alrededor de treinta y un años (después de Augusto, que se mantuvo en el cargo durante unos casi increíbles cuarenta años).

Después de Constantino hubo diez emperadores que llevaron su nombre con orgullo. Uno de ellos fue el último del Imperio romano de Oriente, Constantino XI Paleólogo. Carlomagno (742-814) muy a menudo procuró imitar a Constantino el Grande para intentar demostrar que era su descendiente e igual. El Sacro Imperio romano-germánico consideraba a Constantino el Grande como una de sus principales figuras históricas, pues fue un emperador guerrero que siempre combatió contra los paganos. La Iglesia ortodoxa lo elevó a la categoría de santo, y su memoria se celebra el día 21 de mayo. Dicha rama de la iglesia también lo considera *isapostolos*, es decir, "igual a los apóstoles". Con toda seguridad, Constantino se habría sentido muy orgulloso de tal título, pues ha quedado escrito que él mismo se consideraba "el decimotercer apóstol" de Jesucristo. La Iglesia católica romana también santificó a Constantino; no obstante, su peso en el catolicismo actual es bastante menor.

Referencias

Cutts, E. L. (1881). Constantine the Great: The Union of the State and the Church. London: S.P.C.K.

Dörries, H. (1972). Constantine the Great. New York: Harper & Row.

Grant, M. (2009). Constantine the Great: The Man and His Times. New York: Barnes & Noble.

Lee, N. (2011). Constantine the Great. Place of publication not identified: British Library, Historic.

Smith, J. H. (1971). Constantine the Great. London: H. Hamilton.

Vea más libros escritos por Captivating History

www.ingramcontent.com/pod-product-compliance
Lightning Source LLC
LaVergne TN
LVHW042002060526
838200LV00041B/1832